LA MORT DE SOUPER

Roger Semichon.

LA MORT DE SOUPER

MORALITÉ EN UN ACTE

d'après

"La Condamnation de Banquet"

de NICOLE DE LA CHESNAYE

(XVIᵉ Siècle)

Se vend a Paris : *A la Fleur des Lettres Françoises,*

Chez HENRI FLOURY,

1, Boullevart des Capucines,

proche le Pavillon du Hanovre.

MCMXIII

PRÉFACE

CETTE adaptation de la célèbre moralité de Nicole de la Chesnaye a pour but de condenser une œuvre qui, injouable dans la version originale, peut encore, réduite à quelques scènes, constituer un spectacle d'un archaïsme savoureux. Autant que possible, tous les raccords nécessaires à cette nouvelle version ont été faits à l'aide de vers pris dans d'autres parties de l'œuvre, afin qu'il y ait le moins possible de vers modernes. Mais les répliques de Nicole de la Chesnaye étant en général très courtes, ce travail de mosaïque a semblé mal convenir à certains passages, et il a paru préférable de chercher les vers nécessaires dans d'autres textes. On reconnaîtra dans le monologue de Souper (Scène III) et dans les couplets d'entrée de Rasade (Scène IV), deux des plus célèbres Vaux-de-Vire d'Olivier Basselin. Le rondeau d'entrée de Joyeuse Compagnie est emprunté au recueil intitulé : « Le Parnasse Satirique du XVᵉ siècle », édité par Marcel Schwob. [1]

« *Une adaptation musicale sur des motifs anciens a été faite par* Mᵐᵉ JEANNE HERSCHER *pour remplacer la musique originale qui ne nous a pas été conservée.* »

[1] Paris, Welter 1905, p. 70.

PERSONNAGES

LE DOCTEUR PROLOCUTEUR
SOUPER
RASADE
LE CHEF CUISINIER
L'ÉCUYER

JOYEUSE COMPAGNIE
GOURMANDISE

LES MALADIES :

APOPLEXIE
GOUTTE
JAUNISSE
COLIQUE

CUISINIERS (Personnages muets.)

LA MORT DE SOUPER

D Une salle gothique. — Le milieu du théâtre est
occupé par une table rectangulaire richement
garnie de flambeaux, fleurs, pièces montées, coupes
précieuses... — Deux couverts face au public et un
à chaque bout de table. — Au fond, dressoirs
garnis de vaisselle, aiguières...

D Portes latérales.
Au lever du rideau la scène est vide.

SCÈNE PREMIÈRE

LE DOCTEUR PROLOCUTEUR. (Il avance lentement jusqu'à
l'avant-scène et salue le public.)

LE DOCTEUR PROLOCUTEUR.

Salut à la Société.
Que Dieu vous garde la santé.
Voilà un vœu bien téméraire
Venant de moi, un médecin,
Car si n'aviez point le corps sain,
Cela ferait mieux mon affaire.
Je pourrais parler gravement,
Et longuement, et doctement

Des prescriptions d'Hippocrate ;
Mais l'homme, dit-on, retient mieux
Ce qu'on enseigne par les yeux,
Et ce qui fait gonfler sa rate.
Donc, aujourd'hui, pour vous donner
Joyeuse récréation,
Avons bien voulu ordonner
Aucune compilation
Dont la claire narration,
Les signes, les mots, la sentence,
Bailleront bonne instruction
A ceux qui nous font assistance.
Pour vous plus à plein informer
De ce qui sera récité :
Nous ne voulons que réformer
Les excès de goulosité
De viande, de vin ou de pain ;
Et prôner la sobriété
Qui rend l'homme léger et sain.
Sachez que manger à outrance
Détruit les gens ou peut leur nuire ;
Mais la vertu de tempérance
Fait l'homme priser et reluire.
Donc, écoutez ou parlez bas,

Et surtout veuillez vous conduire
Paisiblement sans nul débat.

(Le Docteur salue et sort.)

SCÈNE II

(Entre **SOUPER**, accompagné du **CHEF CUISINIER** et de
L'ÉCUYER qui met la dernière main au couvert.)

SOUPER.

Or ça, cuisinier profitable,
Avez-vous si bien travaillé
Que tout soit prêt pour seoir à table ?

LE CHEF CUISINIER.

Voici viandes délectables,
Bonnes sauces, bonne vinée,
Pâtés aux formes admirables;
Voici viandes délectables.

L'ÉCUYER.

Et moi je suis servant notable
Et prompt et de mine affinée,
Passant viandes délectables,
Bonnes sauces, bonne vinée.

SOUPER.

Ayez soin qu'il ne manque rien
Et qu'un illustre épicurien
Ne puisse trouver à redire
A l'ordonnance du festin.
Nous voulons jusques au matin
Chanter, danser, manger & rire.

LE CHEF CUISINIER.

Au fourneau je retourne voir
Un peu mon canard aux olives.

SOUPER.

Écuyer, allez recevoir,
Car déjà j'entends les convives.

SCÈNE III

SOUPER, Seul.

SOUPER.

Ayant le dos au *feu* & le ventre à la table,
Étant parmi les pots pleins de vin délectable,
        Ainsi comme un poulet
Je ne me laisserai mourir de la pépie,
Quand en devrais avoir la face cramoisie
        Et le nez violet.

                            [perse,
Quand mon nez deviendra de couleur rouge ou
Porterai les couleurs que chérit ma maîtresse;
        Le vin rend le teint beau!
Vaut-il pas mieux avoir la couleur rouge & vive,
Riche de beaux rubis, que si pâle & chétive
        Ainsi qu'un buveur d'eau?

Qui aime bien le vin est de bonne nature.
Les morts ne boivent plus dedans la sépulture.
        Hé! qui sait s'il vivra

Peut-être encor demain ? Chassons mélancolie.
Je vais boire beaucoup en cette compagnie·
     Suive qui m'aimera !

SCÈNE IV

SOUPER, L'ÉCUYER, puis successivement **GOURMAN-
DISE, RASADE, JOYEUSE COMPAGNIE.**

L'ÉCUYER (annonçant).

Puissante Dame Gourmandise !

SOUPER.

Dame gente que chacun prise,
Je vous salue très humblement.
Êtes-vous en bonne santé ?

GOURMANDISE.

Mais en pleine prospérité,
Je vous remercie grandement.

J'ai vu des beaux plats à foison,
Rôtis, Gibiers, Pâtés, Poissons,
En passant près de la cuisine !
Morterel, Brouet, Hochepot !
Nous allons manger sans repos
Les fins ragouts et la dodine ;
Au dessert, oublies, échaudés
Bien arrossés de vins herbés,
Et cassemuseau délectable,
Ainsi que les beignets venteux.
Pets de nonne pour dire mieux.
Va-t-on bientôt se mettre à table ?

L'ÉCUYER (annonçant).

Et voici le Seigneur Rasade !

(Rasade entre en titubant.)

SOUPER.

Rasade, mon ami, salut !
Avez déjà bu tant et plus,
Car vous n'avez point l'air maussade.

RASADE.

Hardi comme un César je suis à cette guerre

Où l'on combat armé d'un grand pot et d'un verre.
Plutôt un coup de vin me perce et m'entre au corps,
Qu'un boulet qui, cruel, rend les gens si tôt morts.

Le cliquetis que j'aime est celui des bouteilles. [les,
Les tonnes et les brocs, pleins de liqueurs vermeil-
Ce sont mes gros canons qui battent sans faillir
La soif, qui est le fort que je veux assaillir.

        [verre :
Il vaut bien mieux cacher sont nez dans un grand
Il est mieux assuré qu'en un casque de guerre.
Pour cornette ou guidon, suivre plutôt on doit
La simple branche d'if qui vous montre où l'on boit.

L'ÉCUYER (annonçant).

Pleine de ris et de jouvence,
Joyeuse Compagnie s'avance.

JOYEUSE COMPAGNIE.

Qui voudra médire, médie :
Je fais la figue aux médisants,
Car bien avant qu'il soit dix ans
Je les ferai crever d'envie.

Et toujours ferai bonne vie,
Quiconques en soit déplaisant :
Qui voudra médire, médie.
Patience est de ma partie
Encontre tous mes malveillants ;
Je ne compte deux petits blans
A eux, n'a toute leur lignye.
Qui voudra médire, médie.

SOUPER.

Dieu vous gard', dame belle et gente
Et toute la brigade chère.

(A Joyeuse Compagnie.)

Je vous prie, soyez diligente
De venir faire bonne chère.

(A Gourmandise.)

Approchez.

(A Rasade.)

Et vous, Excellence,
Venez goûter à l'opulence
Des biens qui sont sur cette table.

Donc que chacun de vous s'attable.
Rasade, valeureux chrétien,
Et Gourmandise côte à côte.

(A Joyeuse Compagnie.)

Et quant à vous, dame de bien,
Séez-vous à droite de l'hôte.

(A l'Écuyer.)

Le premier service apportez !

SCÈNE V

**LES MÊMES, LE CHEF CUISINIER, LES CUISI-
NIERS.** (L'Ecuyer fait un signe. — Entrent le Chef Cuisinier suivi des Cuisiniers
portant chacun un plat. — Pendant la réplique du Chef Cuisinier, les Cuisiniers passent
les plats aux convives qui se servent.)

LE CHEF CUISINIER.

Voici fritures à foison,
Potages, brouets, gros pâtés,

Jambon, mouton, bœuf de saison,
Le cochon et la venaison,
Tripes, cyve ou galimafrée,
Sauce Robert ou Cameline,
Le saupiquet, la cretonnée,
La rousse et puis la salemine,
Le blanc-manger, la galentine,
Le tout relevé par épices :
Les capres, limons et popons,
Citrons, carottes et radices.

(Le Chef Cuisinier et les Cuisiniers sortent.)

JOYEUSE COMPAGNIE.

Je déclare exquis ces chapons.

GOURMANDISE, la bouche pleine.

**J'ai l'intention présentement
De bien gourmander et manger,**

RASADE.

**A parler véritablement,
Pour nous rien ne fut négligé.**

JOYEUSE COMPAGNIE.

Amplement nous entretenez :

Voici beaux mets, friands et doux.

RASADE.

A boire !

SOUPER, à l'Écuyer.

Versez et donnez
Du fin meilleur.

L'ÉCUYER.

Ce ferons-nous.

(Il verse à boire aux convives en commençant par Rasade.)

RASADE.

Seigneur hôte, je bois à vous.

JOYEUSE COMPAGNIE.

Et pour moi je vous fais raison.

GOURMANDISE.

Ainsi fais-je sans trahison.

SOUPER.

Mes amis, je bois à vous tous.

(Ils trinquent et boivent.)

RASADE,

qui a attrapé un flacon, tout en se versant à chaque exclamation un nouveau verre :

Que ce vin a belle couleur !
Et la saveur vaut encor mieux !
C'est vin pour guérir de douleur !

(Il boit à même le flacon.)

Et pour enluminer les yeux !

JOYEUSE COMPAGNIE, un peu grise.

Foin des gens chagrins et marris,
Car je ne quiers que plaisants ris
Et de tous ébats abondance.

GOURMANDISE,

la bouche pleine et tendant son assiette.

Et moi du bon bœuf et du riz,
Chapons et poulets bien nourris,
Car de là panse vient la danse.

RASADE.

Rien ne vaut un plein gobelet
D'un vin vieux, vermeil et clairet
Pour arroser la conscience.

(Il boit.)

SOUPER.

De bien boire et de bien manger,
Et mes amis bien héberger,
Je fais métier et même science.

JOYEUSE COMPAGNIE.

Voici un civet de valeur.

SOUPER, à Rasade qui boit.

Ce vin n'est-il pas bon ?

RASADE.

Très, très !

Aussi a joyeuse couleur ;
Je crois qu'il est percé de frais.

(A ce moment, Gourmandise s'étrangle avec un os. — Tous se lèvent
pour la secourir.)

SOUPER, lui tapant dans le dos.

Dieu nous assiste, elle s'étrangle !

JOYEUSE COMPAGNIE.

Permettez que je la désangle...

RASADE.

Elle a obstrué l'avenue...

(Présentant une coupe pleine.)

En buvant la toux passera,
L'os qui l'étrangle descendra.

GOURMANDISE, après avoir bu une gorgée.

Cela va mieux, je continue :
Redonnez-moi de ce pâté.

SOUPER.

De manger point ne vous hâtez,
Pour festoyer nous avons temps.

GOURMANDISE.

Moi, je veux manger tout le temps.

RASADE.

Et moi, boire sans m'arrêter.

JOYEUSE COMPAGNIE.

Je ne veux que vous imiter.

(Il mangent et boivent en silence.)

SCÈNE VI

LES MÊMES, LE DOCTEUR PROLOCUTEUR,
puis LES MALADIES.

LE DOCTEUR PROLOCUTEUR. (Il descend à l'avant-scène.)

Ne voyez-vous pas la manière
De ces gens pleins d'abusion,
Qui leur félicité plénière
Mettent en la nutrition ?
Chacun d'eux, pour conclusion,
De faire grand'chère s'efforce,
Et n'a d'autre occupation
Que de boire et manger à force.
Le bon conseil et le langage
De saint Paul ils n'ont pas noté
Qui, *ad Titum*, disciple sage,
Ecrit : "*Sobrii estote.*
Là Bible, en l'*Ecclésiastique*,
De tout ceci fait mention.
Isaïe, prophète authentique,
Dit aussi son opinion,

Et baille malédiction,
Tout clairement en beau latin,
A ceux qui font provision
De trop s'attarder au festin.
Les grands buveurs et les gourmands
Qui de trop manger sont enflés,
Se trouvent pesants et dormants
Tant sont bouffis et boursoufflés.
Ils ont des ventres si peuplés,
Une panse si bien garnie
Que, par force d'être replets,
Sont prêts à choir en maladie.
Car Dieu qui punit le gourmand
Vers eux envoie le châtiment.

(Il sort.)

(Entre Goutte ; elle vient près de Rasade.)

GOUTTE.

Toute tordue, c'est moi, la Goutte,
Ciragie ou bien artétique.
En mon cas homme ne voit goutte
Tant soit médecin authentique.
Je suis podagre sciatique
Et fort brutalement je touche,

Je torture, je poins et pique
Ceux qui font des excès de bouche.

(Rasade, touché par Goutte, fait une grimace, puis continue de festoyer.)

(Entre Jaunisse, qui va se placer derrière Joyeuse Compagnie.)

JAUNISSE.

Et moi, on m'appelle Jaunisse,
Ictericia, en latin :
Combien qu'on me répute nice.
Si fais-je merveilleux hutin.
Peau blanche comme parchemin
Rends décolorée et farouche.
Ainsi passent par mon chemin
Ceux qui font des excès de bouche.

(Joyeuse Compagnie, touchée par Jaunisse, passe sa main sur son front et continue à manger.)

(Entre Colique, qui va se placer derrière Gourmandise.)

COLIQUE.

Que direz-vous de la Colique,
Dame de trop de mets comblée ?
C'est la très plus mélancolique
Qui soit en toute l'assemblée.
Dans le colon je suis colée !
Les gourmands je déchire et couche.

**Par moi ont la panse troublée
Ceux qui font des excès de bouche.**

(Gourmandise se tord un peu sur sa chaise en se tenant le ventre quand Colique la touche ;
puis elle continue à souper.)

APOPLEXIE, venant derrière Souper.

**Regardez bien ma contenance,
Puis enquérez de mon renom
Afin qu'en ayez souvenance,
Apoplexie, voilà mon nom.
Je fais perdre le mouvement,
Et, à la première escarmouche,
Je rends privés de sentiment
Ceux qui font des excès de bouche.**

(Apoplexie fait derrière Souper un geste de menace. — Les quatre Maladies se réunissent au
fond du théâtre et sortent.)

SOUPER.

**Ça seigneurs et dames, passons,
S'il vous plaît, au second service.**

SCÈNE VII

SOUPER, RASADE, JOYEUSE COMPAGNIE, GOURMANDISE, L'ÉCUYER, LE CHEF CUISINIER, LES CUISINIERS.

LE CHEF CUISINIER.

Après les viandes et poissons,
Voici, pour flatter votre vice,
Ample dessert de fruits nouveaux:
Des pommes, poires et pruneaux,
Avelines, cerneaux, noisettes,
Gaufres, brioches, poupelins,
Des tartes et des massepins,
Marmelade de cerisettes.

(Les Cuisiniers posent les plats sur la table et se retirent avec le Chef Cuisinier.)

GOURMANDISE.

Voici un plantureux manger.

JOYEUSE COMPAGNIE.

De mets fins on peut se gorger.

SOUPER.

Prenez en gré.

RASADE.

En vérité,
De biens y a grand' quantité.

SOUPER.

Et maintenant que chacun taille
Selon que l'appétit lui vient.

(A l'Écuyer.)

Sus, compagnon, verse du vin
Et garde que boisson ne faille.

GOURMANDISE.

Je ne cesse de me moucher
Pour pouvoir humer nettement.

JOYEUSE COMPAGNIE, à Rasade.

Vous plairait-il, sans vous fâcher,
Chanter pour notre amusement ?

RASADE.

**Je m'y accord sans nul chagrin;
Mais reprenez tous au refrain.**

(Il se lève, verre en main, et chante.)

I

**Vidons, vidons
Bouteille ou flacon
De vin de Mâcon.
Je le trouve sain,
Celui de Dijon
Et de Mont-Saulion
Ou de Saint-Pourçain**

Refrain :

**Dansons, rions,
Sans nul souci;
Chantons, buvons,
Douleur fuyons
Et peine aussi.
Dansons, rions,
Sans nul souci.**

(Les convives reprennent le refrain en chœur tout en tapant en cadence sur les bouteilles
et les verres.)

II

**Vidons, vidons
Bouteille ou flacon
De vin de Mâcon.
Le bon vin j'entasse
Par ici dedans ;
Cela ne me casse
Ni langue ni dents.**

(au Refrain).

(Les convives reprennent le refrain comme après le 1ᵉʳ couplet.)

JOYEUSE COMPAGNIE.

Rasade chante gentiment.

SOUPER.

Avec goût, avec sentiment.

GOURMANDISE.

Redonnez-moi de la brioche.

SOUPER.

Très-noble dame, je vous sers.

JOYEUSE COMPAGNIE.

Alors, achevons le dessert.

GOURMANDISE, à part.

Je vais aussi remplir ma poche.

RASADE.

Ecuyer !

L'ÉCUYER.

Seigneur ?

RASADE.

L'Hypocras !
Il est encore en son entier ;
Le voulez- vous garder *pro cras* ?

(Tous rient.)

L'ÉCUYER.

J'en servirai très-volontiers.

(Il verse de l'hypocras aux convives.)

SCÈNE VIII

LES MÊMES, LE DOCTEUR PROLOCUTEUR, LES MALADIES.

(Le Docteur Prolocuteur rentre avec les Maladies qui tiennent des bâtons.)

LE DOCTEUR PROLOCUTEUR.

Chattes, furies furieuses,
Spectres aux terribles regards,
Armez-vous d'armures scabreuses,
Chargez vos flèches et vos dards;
Car je vous dis que ces coquarts
Tendant à leurs ventres remplir,
Boivent des vins comme soudards,
Et rien ne peut les assouvir.

(Les Maladies se groupent autour du Docteur Prolocuteur.)

COLIQUE.

Embâtonnons!

APOPLEXIE.

Et combattons!

JAUNISSE.

Faisons débat !

GOUTTE.

Faisons discord !

COLIQUE.

Entreprenons !

APOPLEXIE.

Entrebattons !

JAUNISSE.

Montrons rigueurs !

GOUTTE.

Montrons effort !

JAUNISSE.

**Voulez-vous qu'on les mette à mort
Pour le refrain de la ballade ?**

LE DOCTEUR PROLOCUTEUR.

Nenny, mais battez-les si fort
Que chacun soit rendu malade.

LES MALADIES, se jetant sur les convives et les bâtonnant.

A eux! à l'assaut! à l'assaut!
Frappons! Besognons! Il le faut!

JOYEUSE COMPAGNIE.

Mais d'où vient cette félonie
De nous traiter si durement?

RASADE.

Las! on me fait grand' vilenie!
Je souffre très-piteusement!

GOURMANDISE.

J'endure un terrible tourment!

SOUPER.

Amis, je souffre comme vous.
Quels monstres s'abattent sur nous!

GOUTTE, à Rasade.

Voici que s'empare de toi
Le rhumatisme articulaire.
En vain te mets-tu en colère,
Tu n'entends plus bien, ni ne vois.
Je te frappe de ma potence
Soudainement quand tu t'ébats,
Ainsi sont traités par sentence
Gourmands qui prennent leurs ébats.

RASADE.

Attendez un peu, je dirai
Adieu à tous ces auditeurs.

(Au public.)

Adieu, gourmands et gaudisseurs,
Je vais mourir pour mes péchés.

(Goutte emmène Rasade.)

JAUNISSE, à Joyeuse Compagnie.

La couleur changer te ferai
Par mon venin qui point et pique.
Tout appétit je t'ôterai
Par moyen d'embarras gastrique.

Je m'empare tout doucement
Des meneurs de joyeux sabats,
Et jette dans l'accablement
Gourmands qui prennent leurs ébats.

JOYEUSE COMPAGNIE.

Je suis Joyeuse Compagnie !

JAUNISSE.

Ne vous en vantez pas, ma mie.
Voilà de beaux faits diligents !
Et comment ne sauriez-vous mie
Que Compagnie abuse gens ?
Compagnie a fait maintes fois
De grand' folies entreprendre.
Compagnie a fait maint galois
Brigander et piller sans rendre.
Par Compagnie on peut apprendre
A jouer et tromper son hôte.
Par Compagnie on se fait pendre
Haut, haut, afin qu'on ne se crotte.

(Jaunisse emmène Joyeuse Compagnie.)

COLIQUE, à Gourmandise.

Dans ton ventre me cacherai

Pour bouter en colon colique ;
Et sans pitié je te tordrai.
Quand à tourmenter je m'applique
Je précipite sur grabats
En des poses très-horrifiques
Gourmands qui prennent leurs ébats.

GOURMANDISE.

Grâce pour dame Gourmandise !

COLIQUE, emmenant Gourmandise.

Pardon ici n'est plus de mise.

APOPLEXIE, à Souper.

Par le cerveau te toucherai,
Homme par trop malavisé ;
Et de tels coups te porterai
Que tu seras paralysé.
Meurs donc, terrassé par le mal !

(Apoplexie s'empare de la tête de Souper, qui se soulève, fait deux pas en trébuchant
et tombe mort.)

Mes suppôts renverse et abats,
Et mets en détriment final

Gourmands qui prennent leurs ébats.

(Apoplexie sort emportant le corps de Souper.)

LE DOCTEUR PROLOCUTEUR (au public).

Maintenant vous fais sommation
De me prêter votre attention.
Gens imprudents qui toujours gourmandez,
Et demandez viande délectable,
Laissez ce train, votre vie amendez,
N'abusez plus des plaisirs de la table.
Comment n'auriez-vous pas remords ?
Vous avez vu évidemment
Que gourmands avancent leur mort
Et vivent déshonnêtement.
Voulez-vous choir finalement
En enfer, le damnable hôtel ?
Considérez-vous point comment
Gourmandise est péché mortel ?
Prenez le chemin d'abstinence,
Laissez toute goulosité,
Car Adam, par incontinence,
Fut hors du Paradis bouté.
Saint Grégoire, qui a péché,
Nous déclare tout pleinement

Cinq espèces de ce péché,
Qui sont : manger trop ardemment,
Avoir des mets abondamment,
Ou prendre trop grand' quantité,
Manger trop délicatement,
Et devant terme limité.
Le vin fait des profits cinq cents
Quand dicrètement on l'appète,
Mais quand il fait perdre le sens,
C'est une très-piteuse fête.
Le vin perturbe l'homme sage,
Le vin fait un homme hébété,
Le vin corrompt sang et langage,
Le vin engendre volupté,
Le vin fait perdre agilité,
Le vin rend cerveau furieux,
Emeut la sensualité
Et rend les gens luxurieux.
Donc, ce soir, Souper est bien mort, [1]
Les gourmands plus n'en jouiront :
Déjeuner, Dîner suffiront
Aux bons humains, sans faire tort.

(1) Var : **Aujourd'hui, Souper est bien mort.**

Là finit, public honorable,
— Puise l'exemple vous frapper —
La moralité profitable
Appelée : "*La Mort de Souper*".
Et si la pièce que voici
Vous semble mieux que balivernes,
Point n'irez en sortant d'ici
Vous répandre dans les tavernes.
Quant à moi, qui suis raisonnable,
Je n'aurai pas même destin
En savourant sur cette table
Ce qui reste de leur festin.

(Le Docteur se met à table et commence à manger pendant que le rideau tombe.)

FIN.

NOTE sur les Costumes.

Le Docteur Prolocuteur. – *Longue robe de couleur sombre et bonnet de même couleur.*

Souper. – *Costume de riche seigneur ; début du XIVᵉ siècle. Personnage gras et vermeil.*

Rasade. – *Personnage long et maigre, vêtu en homme d'armes.*

Joyeuse Compagnie. – *Costume de ribaude.*

Gourmandise. – *Personne très-obèse, habillée en grande dame.*

L'Écuyer. – *Costume très-somptueux de domestique.*

Le Chef Cuisinier & Les Cuisiniers. – *Dans le costume de leur profession.*

NOTE SUR LES COSTUMES.

Apoplexie. — *Robe rouge, visage barbouillé de rouge, perruque d'un roux très-vif hérissée sur la tête. — Les yeux fixes et grands ouverts. — Elle parle d'une voix saccadée.*

Goutte. — *Vielle femme bossue et bancale couverte de haillons. Elle marche avec une béquille. — En somme, la classique fée Carabosse. — Voix cassée de vielle femme.*

Jaunisse. — *Robe et perruque jaune, le visage peint en jaune. C'est une longue personne qui parle d'une voix blanche et faible.*

Colique. — *Visage livide, robe collante de teinte neutre. Elle marche en se tortillant et parle d'un ton très-aigu.*

Le présent livre, fidèlement tiré de la *Condamnation de Banquet* du sieur Nicole de la Chesnaye et loyalement abrégé par Roger Semichon, a été achevé d'imprimer le xxviᵉ jour de Février MCMXIII pour Henry Floury, libraire à la *Fleur des Lettres françoises*, par Gabriel Kadar, maître-imprimeur, demeurant au n° 42 de la ci-devant mal nommée rue des Fourneaux — présentement rue Falguière, avec les caractères dessinés par George Auriol pour le *Grand Parangon d'Or* des sieurs G. Peignot & Fils, fondeurs à Paris. Auxquels très-experts imprimeur, fondeur et dessinateur, le dessusdit Roger Semichon rend grâces et merci pour ce qu'ils ont habillé comme il convient, gentement adorné et transcrit avec clarté, l'œuvre très-précieuse du vieil auteur. Et veuille celui-ci regarder d'un œil indulgent l'humble petit flambeau qu'ils ont ajouté à sa gloire.